EN LA ORILLA: GUSTOS Y COLORES

I0140152

BIBLIOTECA

Pedro Henríquez Ureña

Debates en la Revista *Sur*
Pedro Luis Barcia: *Pedro Henríquez Ureña y la Argentina*
J.M. Barrie:
Peter Pan (El niño que nunca quiso crecer)
Emilio Carilla:
Otros ensayos sobre Pedro Henríquez Ureña
Laura Febres:
Pedro Henríquez Ureña, crítico de América. Transformación y firmeza. Estudio de Pedro Henríquez Ureña
Eva Guerrero Guerrero: *Pedro Henríquez Ureña, abordajes críticos*
Rafael Gutiérrez Girardot: *Pedro Henríquez Ureña: Estudios culturales*
Guadalupe Neubauer: *Redes intelectuales latinoamericanas: Alfonso Reyes y Pedro Henríquez Ureña en Argentina*
Max Henríquez Ureña:
Mi padre. Perfil biográfico de Francisco Henríquez y Carvajal
Pedro Henríquez Ureña:
En la orilla. Gustos y colores
En la orilla. Mi España.
En la orilla. Plenitud de España. Otros escritos
Obra dominicana
Walter Pater: *Estudios griegos*
Alfredo Roggiano: *Pedro Henríquez Ureña en los Estados Unidos*
Oscar Wilde:
Huerto de granadas. Salomé

ARCHIVOS DE
LITERATURA
DOMINICANA
Tulio Manuel Cestero
Pedro Henríquez Ureña (10 volúmenes)
Aída Cartagena Portalatín
René del Risco Bermúdez
Junot Díaz
Rita Indiana

EN LA ORILLA: GUSTOS Y COLORES.

Pedro Henríquez Ureña

Edición y notas,
Miguel D. Mena.

CIELO NARANJA

© EDICIONES CIELONARANJA, 2012 Revisión en 2022.

Santo Domingo - Berlín

Visite nuestra página web: http://www.cielonaranja.com

ISBN : 978-9945-00-557-8

Índice

Introducción, 7

En la orilla: gustos y colores, 13

APÉNDICE

Tres notas, 83

Matices mexicanos, 87

Miniatura pedagógica, 89

Miniaturas mexicanas, 91

Introducción

1921 fue un año intenso en la vida y obra de Pedro Henríquez Ureña. Recién había concluido sus estudios de doctorado, con un libro, publicado en España, que se constituyó en un temprano éxito dentro y fuera de la Academia: *La versificación irregular en la poesía castellana*. En la universidad norteamericana tenía un prometedor paisaje, dadas sus originales visiones y ensayos sobre América Latina, justo en un tiempo marcado por la política del *Gran garrote*. Sin embargo, algo no funcionaba en esa relojería. Tal vez el vivir en el país que justo ocupaba militarmente el suyo –desde 1916 y luego hasta 1924– no le brindaba las condiciones espirituales suficientes para quedarse. Además, estaba un país en plena ebullición revolucionario y donde había completado su formación intelectual, México. Desde 1914 le llegaban ofertas de laborales en el área educativa. Colaborar con el recién nombrado ministro de Educación, su viejo amigo ateneísta José Vasconcelos, trabajar en la construcción del sistema universitario, dentro de esos afanes revolucionarios, le pareció entonces la mejor opción laboral y emocional.

Hay que imaginar los fuegos a los que estaba expuesto en ese contexto: la intensidad que había significado su tesis, escrita entre Minnesota y Madrid, del 1917 al 1920, y la necesidad de descanso; las noticias poco halagadoras que venían de su

Santo Domingo natal, a lo que se agregaba el exilio de su padre y la diáspora familiar. No debía ser nuevo para él vivir sobre un cruce de caminos. En las cartas de ese año a su inefable amigo Alfonso Reyes, le cuenta sus dificultades con el invierno, le refiere sus inestabilidades laborales, y finalmente, le comenta –el 19 de abril–, que "las famosas teorías con que quería yo hacer un libro –van saliendo ahora sí, en forma de ocurrencias".[1]

El título y buena parte del material que escogió para esa compilación, *En la orilla: gustos y colores*, se había conservado entre sus papeles, desde aquellos principios de los años 20. La apertura del ahora *Archivo Pedro Henríquez Ureña* en el Colegio de México nos ha permitido recuperar tan significativo aporte. No es seguramente una obra mayor. Buena parte ya había sido publicada entre 1921 y 1925, incluso llegando hasta 1941, en revistas de España, México, Argentina, Cuba, Costa Rica y la República Dominicana. Son textos bastante significativos, sin embargo: por la concreción de ideas con pocos recursos, por su concepto dialógico y poético, por sus visiones respecto al ser, el sujeto. Estamos ante un libro que muestra su maestría ensayística, aparte de profundizar en aspectos filosóficos y visiones de la vida cotidiana.

Confirmamos así una verdad que tiende a ser ya de Perogrullo: Pedro Henríquez Ureña estaba atento a los distintos planos del pensamiento de su época. Los detonadores habrán sido la prosa *azorinesca* del joven Daniel Cosío Villegas, quien en 1922 publicaba un libro revelador: *Miniaturas mexicanas*, y

---

[1] Pedro Henríquez Ureña y Alfonso Reyes: *Epistolario íntimo*, tomo III. Santo Domingo: Universidad Nacional Pedro Henríquez Ureña, 1983, pp. 192-193.

que el dominicano trataba de dar a conocer en España; también influían textos del cubano Enrique José Varona, lejanamente las *Prosas profanas* de Rubén Darío, y ante todo, una lectura entonces potenciadora: la de norteamericano de origen español George Santayana. Es como si la soledad en aquellos inviernos del Norte, sus ansias de diálogos, lo condujeran a repasar sus pensamientos: las teorías kantianas sobre el gusto, la visión de los Estados Unidos en Rodó, las teorías cuasi darwinistas de Oswald Spengler –sin mencionarlo– en torno al papel formativo de los climas.

Son textos menudos, entre el aforismo y la crónica periodística. En algunos, habrá más preguntas que respuestas. ¿Quieren provocar?

A pesar de haber indicado formato –número de páginas, dimensiones y tipografía–, el trabajo quedará, sin embargo, incompleto. Supongo que su concepto iba en la misma línea que las publicaciones de la recién creada editorial *Cvltvra* en México: un libro de bolsillo. A pesar de lo fragmentario, *En la orilla: gustos y colores*, es un texto extrañamente cotidiano dentro de la bibliografía de Pedro Henríquez Ureña, un eco último de sus *Memorias* y un conjunto de ideas que tal vez no encajaban ni para el gran público de los diarios ni para el más selecto de las revistas universitarias.

✳✳✳

El primer recurso disponible para la compilación de las *Obras Completas* de Pedro Henríquez Ureña fue la *Crono-bibliografía* preparada por quien fuera una joven asistente en el Instituto de Filología, y luego colaboradora del Colegio de México, Emma Susana Speratti Piñero[2].

---

[2] Pedro Henríquez Ureña: *Obra crítica*. México: Fondo de Cultura

Como es sabido, los textos del maestro dominicano podrían considerarse como permanentes *works in progress,* debido a esa manera de nunca considerar como definitivo un texto suyo. A su condición de viajero constante se le podría agregar la de un escritor enfrentado a textos en pruebas, con versiones siempre por corregir. De manera que una compilación justa de su obra equivaldría a la valoración de las distintas versiones de sus textos, tratando de presentar los giros de su pensamiento.

Y así llegamos a los textos de *En la orilla*, que al principio se pensaba habían desembocado todos en el libro *En la orilla: Mi España*[3], lo cual resultaría una verdad a medias. Veamos. En 1920 Henríquez Ureña hace la selección y el prólogo del libro del español José Moreno Villa, *Florilegio* (prosa y verso)[4]. El texto de presentación aparece al mismo tiempo en *Repertorio Americano,* bajo el título *En la orilla.* Al año siguiente, y también bajo ese título genérico, publicará su breve ensayo sobre el pintor mexicano Diego Rivera[5].

Lo curioso es que a pesar de publicar en 1922 un libro con el medio título de *En la orilla,* seguirá utilizándolo para otros textos. Y aquí es cuando se produce el error de la *Crono-bibliografía* de Speratti Piñero: plantear como un texto único lo que en verdad fueron varios[6]. En el número 385 de su listado,

---

Económica, 1960, pp. 751-796.

[3] México: Biblioteca de la editorial México moderno, 1922.

[4] San José de Costa Rica: García Monge y cía., editores, 1920.

[5] *En la orilla: Notas sobre Diego Rivera*, Revista Azulejos, México, 5 de septiembre, pp. 22-23.

[6] Estas confusiones todavía no han sido lo suficientemente aclaradas. Ver, por ejemplo, *Desde Washington* (México, 2004:

la compiladora apuntaba: "'En la orilla' (diferentes fragmentos)", y a seguidas daba un listado de nueve publicaciones donde habían aparecido.

La edición hecha por Juan Jacobo de Lara de *Obras Completas* de Henríquez Ureña[7] trajo un tanto de luz: por primera vez se presentaron tres versiones de *En la orilla*[8]; pero también contribuyó al desconcierto, por ejemplo, cuando confunde lugares de publicación.[9] Al parecer, el editor de aquellas Obras Completas no dispuso de todas las versiones originales agrupadas bajo ese título.

Tomando en cuenta las faltas en esta primera gran compilación del trabajo del Maestro, ya suficientemente señaladas por Emilio Carilla[10], el siguiente paso fue recopilar las versiones que bajo el título *En la orilla* se publicaron entre 1921 y 1925. Entonces procedimos a un estudio comparativo.

Fondo de Cultura Económica, p. 202), la compilación de los escritos de Pedro Henríquez realizada por Minerva Salado, donde se repiten estos errores biblio-gráficos al situar la serie de artículos bajo el título *En la orilla*.

[7] Edición de Juan Jacobo de Lara, apareció en diez tomos, Santo Domingo: Universidad Nacional Pedro Henríquez Ureña, 1976-1980.

[8] *Obras Completas*, tomo V, 1921-1925, 1978: 1: *Boletín de la Universidad de Buenos Aires*, 1921, pp. 69-72; 2: *Repertorio Americano*, 1923, y *Cuba Contemporánea*, 1924, pp. 77-85; 3: *Cuna de América*, 1923, pp. 87-88.

[9] Véase por ejemplo, la *En la orilla* publicada en el tomo V de las *Obras Completas 1921-1925*, 1978, p. 77: esta versión no se publicó en el *Repertorio Americano* del 19 de marzo de 1923, sino solamente en la *Cuba Contemporánea* a la que hace referencia.

[10] Ver su *Pedro Henríquez Ureña. Signo de América*. Washington:

La idea de recoger esa serie de artículos de *En la orilla* dio un brusco giro en noviembre del 2011. Fue cuando accedimos al Archivo de Pedro Henríquez Ureña, celosamente conservado en el Colegio de México, y que cediera su hija, Sonia Henríquez vda. Hlito tres años antes. Dentro de esas cajas, que aún esperaban el trabajo clasificatorio, encontramos un folder con un libro *listo* para ser enviado a la imprenta, con el título *En la orilla: gustos y colores.* Digo *casi* porque las indicaciones estaban dadas en la segunda hoja: tamaño y disposición de la tipografía, número posible de páginas, etc., aunque no hubiese evidencia de un corpus definitivo, salvo la firma de su autor. El hallazgo de estos manuscritos se convirtió en algo así como desatar un *nudo gordiano* en los haceres del humanista dominicano, porque nos revelaron la amplitud del filósofo, el sentido de algunas preocupaciones estéticas y al cronista de la cotidianidad.

Ahora podremos conocer todos sus decires.

✳✳✳

En la orilla: gustos y colores, según el manuscrito depositado en el Colegio de México, consta de 42 partes numeradas, escritas mayormente entre 1921 y 1922, incluyéndose –aunque sin referencia editorial– textos publicados en *Repertorio Americano*[11] bajo el título *Tres notas*, con el subtítulo: "Envío de P.H.U. La Habana, 15-11-41".

En esta edición, seguimos el orden del autor, incluyendo una nota de publicación correspondiente en forma de abreviatura al final de cada parte. Los que no tienen esta nota, significa que nunca fueron publicados.

Intermaer62, Serie Cultural, 1997, pp. 139-150.

[11] Núm. 909, 15 de marzo de 1941, pp. 73-74.

En el apéndice recogemos las notas dispersas, sin numeración, que también encontramos en la carpeta tratando de seguir cierto orden temático. Algunas llevan la firma *E.P. Garduño*, que era el pseudónimo que Henríquez Ureña utilizaba para textos que él suponía *menores*.

Finalmente, por sus similitudes prosísticas incluimos las *Miniatura mexicanas*, un intento de diálogo o respuestas al texto de igual título, que publicara en 1922 su discípulo y amigo Daniel Cosío Villegas, y a quien se las dedica.

❋❋❋

La feliz realización de este proyecto de recuperación del legado de Pedro Henríquez Ureña ha sido posible gracias a las puertas abiertas por doña Sonia Henríquez vda. Hlito. A ella queremos agradecerle la generosidad en permitirnos poder publicar los textos de su padre.

A don Adolfo Castañón también le reconocemos su gran bondad, comprensión, y la manera de ubicarnos en el mapa cultural mexicano.

Una gran deuda también tenemos con el Dr. Javier Garciadiego Dantán, Presidente del Colegio de México. Su apoyo y los diálogos mantenidos han sido esenciales en el desarrollo de este trabajo. También agradecemos a las maestras Citlalitl Nares, directora del Archivo Histórico, y a Micaela Chávez Villa, directora de la Biblioteca Daniel Cosío Villegas, del Colegio de México, por todo el soporte que nos brindaron durante nuestras investigaciones. En esos días mexicanos me sentí como si el legado espiritual del Ateneo se hubiese cristalizado en esos predios del Colegio de México.

ABREVIATURAS UTILIZADAS

IND-1921	*Índice* 1, 1921, Madrid, pp.3-4.
REP-1923	*Repertorio Americano,* 19 de marzo de 1923, San José de Costa Rica.
MUN-1923	*El Mundo*, México, 1923.
NOS-1923	*Nosotros* 167, abril de 1923, Buenos Aires, pp. 471-475.
CUN-1923	*Cuna de América* 10, agosto de 1923, Santo Domingo, pp. 183-184.
PAN-1924	*Panfilia*, Santo Domingo, 15 de mayo de 1924, núm. 21, p. 8.
CUB-1924	*Cuba Contemporánea* 140, agosto de 1924, La Habana, pp. 290-298.
MAR-1925	*Martín Fierro,* 5 de agosto de 1925, Buenos Aires (reproducido sin cambios en *Repertorio Americano* 5, 5 de octubre de 1925.
REP-1941	*Repertorio Americano*, núm. 909, 15 de marzo de 1941, pp. 73-74

Pedro Henríquez Ureña

En la orilla :
Gustos y colores

Hoja manuscrita de Pedro Henríquez Ureña, donde indica título y criterios de publicación de esta obra.

[1a]

En el principio era el caos... El caos no ha desaparecido: está en torno nuestro a toda hora. Para el espíritu, el universo es caos. Armonioso quizás, sumiso a leyes, el mundo de la materia y de la energía física; pero enigmático el mundo del espíritu: nada lo justifica, nada lo explica. ¿Qué valor definitivo ha de tener el mundo espiritual, si su término natural es la extinción completa? ¿A qué, entonces, el esfuerzo continuo de creación en que se agita el espíritu?

[1b]

Como el universo es caos, o enigma, el espíritu, que es ansia de perfección, crea luz para iluminarlo, armonía para imponérsela. Con los materiales toscos del caos universal, el espíritu crea el mundo perfecto. Unas veces, aspira sólo a poner paz entre los hombres, y crea la moral, los ideales de libertad y justicia: su cumbre son las utopías, magnas creaciones espirituales del Mediterráneo. Otras veces, crea el espíritu su mundo perfecto en simple representación: el arte. Otras, en fin, la religión define —definía— formas ideales de vida, que los más aceptan como realidades hasta concretas. Finalmente, existe la creación espiritual pura y perfecta dentro de una vida humana, cuando esa vida se da toda al mundo en gene-rosidad. Tales vidas realizan la plenitud espiritual, hacen que cobre sentido, momentáneo siquiera, la existencia de todos.

[2]

Al recorrer la atestada galería de figuras que llamamos historia de la civilización occidental, nos detenemos siempre en Sócrates. Inútil compararlo con los fundadores de religiones: eso, aunque hayan sido hombres, paran en dioses, y a la doctrina que predicaron se suman la que heredaron con su tradición nacional y la que sus sucesores inventan en nombre suyo. Aventurado, si no imposible, decidir qué significación les atribuiríamos si conserváramos su doctrina sola y no como base de una iglesia; si, por ejemplo, Jesús no fuera "el Cristo" y Sakia Muni "el Buda"; Sócrates no sólo no es fundador de religión; es lo contrario: no en absoluto el inventor de la razón, pero sí su héroe y su mártir, el que aspiró a someterle todos los problemas de la vida, el fundador de "la virtud que en la razón se inspira". Por eso es Sócrates el hombre máximo que ha nacido en Europa; es aquel cuya influencia ha durado más y durará mientras la civilización occidental no pierda —como no ha perdido aún, a pesar de todos los vaivenes, a pesar de todas las rectificaciones— la fe en la razón. Sin Sócrates, la civilización occidental carecería de su héroe epónimo.

¿Que la obra de Sócrates se hubiera cumplido sin él? ¡Quién sabe! Las explicaciones deterministas de la historia quieren que los sucesos humanos ocurran en fecha fija, con héroes o sin héroes, o, como se diría en gusto romántico, con genios o sin genios. Bien: en América se da el caso; la Independencia se hizo en todas partes pero con héroes de muy distintas calidades. Y el Descubrimiento es la obra de un hombre, no mediocre como lo pretenden sus detractores, pero superior sólo en la perseverancia, no en la inteligencia ni en la virtud. Pero sin Sócrates la civilización occidental carecería de su héroe epónimo, que es además su mártir extraordinario.[12]

---

[12] Al margen de esta última oración, en un gran paréntesis, "ojo". A seguidas, PHU ofrece una segunda versión de este texto: "¿Que la obra de Sócrates se hubiera cumplido sin él, y precisamente en su época? Quizás. Las explicaciones deterministas de la historia quieren que los sucesos humanos ocurran en fecha fija, con héroes o sin héroes, o, como diríamos en gusto romántico, con genios o sin genios. Bien: en América se da el caso; la independencia se hizo en todas partes pero con héroes de muy distintas calidades. Y aun el Descubrimiento es la obra de un hombre que, si no mediocre como lo pretenden sus detractores, no sobresale ni en la inteligencia ni en la virtud, y sí sólo en la tenacidad de la voluntad. Pero sin Sócrates la civilización occidental carecería de su héroe epónimo, que es además su mártir extraordinario."

[4]

Todos recordamos aquellos libros viejos en que los términos de comparación, para grandes hazañas, eran Alejandro y César; los modernos, faltando a leyes esenciales de perspectiva, y confundiendo la audacia del propósito y la actividad genial con la[13] obra, agregaban: Napoleón. Pero, si el valor social efectivo de una obra humana[14] ha de apreciarse por su duración, —ya que la apreciación del valor puro depende de otros puntos de vista,— la influencia de Alejandro y de César es inferior a la de Sócrates.

---

[13] Se eliminó "calidad y duración de la".

[14] Primera versión: "de una empresa humana", tachada en el original.

[5]

El ritmo de la historia moderna hace que cada siglo reaccione —a sabiendas o no— contra el que lo precede. El siglo XX reacciona contra el XIX: se opone a la barbarie industrial, al espíritu fenicio, a la interpretación de la libertad como tolerancia para el hombre lobo, y vuelve a la generosidad humanitaria del siglo XVIII. El XIX, por su parte, había reaccionado contra el XVIII: lo encontraba demasiado teórico o demasiado frívolo (¡grave error!); volvía al esplendor teatral y ruidoso, al sentido mundano y al espíritu práctico del XVII. ¿Y el XVIII, a su vez, no gustaba de las cualidades del XVI, aquel siglo de reformadores y humanistas?

[6]

Diríase que la historia está sujeta a una ley de aceleración. Los cambios trascendentales se suceden, al parecer, en progresión geométrica decreciente cuya fórmula aproximada sería: 3000: 1000: 333: 111. Si tomamos como punto de partida la época de Moisés y de la emigración israelita, veinte y cinco siglos antes de nuestra era, encontraríamos —a la distancia de tres mil años— la emigración de los bárbaros del Norte al Sur de Europa. Mil años después, sobreviene la transformación europea del siglo XV; antes de que se completen trescientos cincuenta años, sobreviene la Revolución Francesa; y de ésta a la Guerra Europea median poco más de cien años. Si la ley de aceleración se cumpliese, antes de cuarenta años ocurrirá otro cambio trascendental: ¿quizás la *bolchevización* del mundo? Pero como los periodos en que deberán realizarse nuevos cambios, después de aquél, serían cada vez más cortos, y acabaríamos por tener revolución diaria, cabe suponer que el término de nuestra aceleración será un cataclismo: volveremos al caos, y de él surgirá lentamente una nueva evolución histórica, sujeta a igual aceleración que la nuestra.

[CUN-1923, MUN-1925]

[7]

Toda opinión política, tanto teórica como práctica, se resume en una de estas dos creencias: una, —los bienes de este mundo no alcanzan para toda la humanidad, y lo único que hacer con ellos es entregarlos en privilegio a los escogidos; otro, —los bienes de este mundo *deben* alcanzar para todos los hombres.

[REP-1925, MAR-1925]

[8]

Una mañana, en la ardiente primavera de Castilla, mientras atravesábamos la sierra del Guadarrama rumbo a Segovia, me repetía un millonario intelectual, o intelectual millonario, el pueril argumento: suprimido el dinero, nadie querrá trabajar seriamente.

—¿Ha hecho usted por dinero –le dije– una sola de las cosas serias de su vida?[15]

—...No...

—No lo ha necesitado usted, me dirá. Pero yo sí lo necesito, y tampoco he hecho por dinero una sola de las cosas [16] de mi vida a que concedo importancia.

---

[15] Se tachó una frase con la que concluía la oración: "que juzgue importantes".

[16] Se tachó "serias".

[9]

El concepto de nacionalidad es concepto de limitación. En las creaciones artísticas, el carácter nacional, los rasgos regionales, el color local, son de sumo interés, como el carácter de época: donde existen, deseamos que perduren; donde falta, deseamos que se produzcan. Esos caracteres, esos rasgos, son raíces que atan al suelo y que del suelo extraen vitalidad; pero deben permitir florecimiento que trasciendan los límites del origen: florecimiento que den como fruto los arquetipos, por encima de toda limitación.

[10]

El buen gusto es natural. El mal gusto es siempre adquirido.

[IND-1921, BOL-1921, REP-1922, PAN-1924]

[11]

¿Cómo se adquiere el mal gusto, universal en nuestros días en todos los "pueblos civilizados" de Occidente? Por el hábito: por el diario contacto, desde la infancia, con las cosas mediocres.

[12]

¿Por qué el mal gusto llega a formar escuela? Por acumulación: el primer error aceptado abre el camino para errores nuevos. Y después sobrevienen los falsificadores.

[13]

El buen gusto, el simple gusto natural de las cosas bellas, se conservaría puro si no entráramos en con-tacto ingenuo con los frutos del error. Pero ahora, para resistir en pureza, debe convertirse en don de juzgar, en hábito de distinguir entre la belleza y la fealdad o la insignificancia. Al niño le bastan esquemas y símbolos breves; su imaginación los completa: cualquier ritmo, cualquier conjunto de sonidos son música; cualquier masa de líneas y de colores es pintura; cualquier juego de lenguaje es literatura. Pero a medida que crece le encadenamos la imaginación, le imponemos cosas hechas; las más veces, cosas vulgares. El vulgo admira, no la obra, sino el artificio: se deslumbra ante la aptitud para dar forma a los materiales de la naturaleza. Y el hombre a quien le falta el arte legítimo, en ausencia de él admirará cualquier cosa: los falsificadores lo acostumbrarán a toda especie de simulacros comerciales, desde los adornos de calendario hasta los cuadros de pintores "para gente distinguida", desde las canciones de café hasta las óperas de éxito. Con el tiempo, con el hábito, se cristalizará el mal gusto, y entonces aquel hombre se volverá insensible y aun hostil a toda manera de arte que no le sea familiar.

[14]

E l vulgo de la cultura habla mucho de entender o no entender las obras de arte. En el sentido riguroso de las ideas, no hay nada que entender en arte: los cuadros y las sinfonías no son silogismos ni teoremas; lo que importa, frente a ellos, es tener los sentidos libres para la percepción virginal. El problema no es inteligencia sino de gusto: cuando el buen gusto natural del hombre no ha sido falseado por la mala educación, la obra maestra se le impone siempre. Eso sí, la obra maestra ha de ser primaria, fundamental, no derivada: primaria y fundamental como la *Ilíada*, como las tragedias griegas, como los dramas de Shakespeare. En las obras derivadas, producto de gabinete, de selección excesiva, la dificultad para el espectador no es otra cosa que la falta del previo conocimiento de las fuentes, del dominio de las evocaciones y las alusiones.

[CUB-1924]

[15]

Hay épocas en que el mal gusto no existe, como no existía la mentira en el reino de los caballos que visitó Gulliver. Las excavaciones en suelo griego lo demuestran.[17] Hoy, todavía, el mal gusto es desconocido entre los salvajes (escultura del África central o cestas de los indios hopis), y, dentro de los pueblos civilizados, en las artes genuina-mente populares, rurales, incontaminadas, libres del influjo de la ciudad moderna: así, la música legítima de Asturias y de Andalucía.

[IND-1921, BOL-1921, REP-1922, PAN-1924]

---

[17] A partir de aquí, la versión impresa de este párrafo es la siguiente: "Aun hoy se me dice que el mal gusto es desconocido en la pintura de los indios hopis, como probablemente no existe tampoco en la música popular de Asturias o de Andalucía. En esos grupos humanos el instinto de selección es certero y no permite errores de gusto."

[16]

Hay climas en donde, más que en otros, corre peligro de perder claridad y seguridad el sentido de la belleza.[18] Donde las cosas se envuelven en brumas ¿es extraño que cueste trabajo alcanzar la pureza de líneas? Donde es difícil percibir la totalidad de los objetos (todos[19] sabemos cómo los parte en pedazos la nieve de Londres) ¿no ha de resultar el sentido de las proporciones justas? Donde se toca el cielo con las manos ¿puede abundar el sentido de la infinitud del espacio, como en los pintores de Umbría? Donde la luz es escasa ¿puede abundar el don de representarla? Donde el clima excita al esfuerzo, y además lo exige, incesante, para asegurar la simple subsistencia ¿puede abundar el sentido del equilibrio y del reposo?

[IND-1921, BOL-1921, REP-1922, PAN-1924]

---

[18] La versión impresa de esta oración: "Hay climas donde el sentido de la belleza no es claro y seguro como en otros".

[19] Variante tachada: "hemos oído contar que en la bruma de Londres, a veces se ve sólo la mitad de un coche"

[17]

¡Pero es que existe el encanto de la bruma, de la vaguedad, de las líneas indecisas! Sí, pero no es belleza fundamental: es derivada, complementaria, hija del contraste. Si no viviéramos en la anarquía filosófica y estética, apenas habría que repetirlo. Naturalmente, espontáneamente, el hombre prefiere la luz a la sombra, el espacio abierto a los claustros, las costas del Mediterráneo a los fiords de Noruega.[20]

[IND-1921, BOL-1921, REP-1922, PAN-1924]

---

[20] Versión impresa: "Pero es que existe el encanto de la bruma, de la vaguedad, de las líneas indecisas! Sí; pero es una belleza derivada, complementaria. Si no viviésemos ahora en la anarquía ideológica y estética, apenas habría que repetirlo. Naturalmente, instintivamente, el hombre prefiere la luz a las sombras, el espacio abierto a las prisiones, las costas del Mediterráneo a los fiords de Noruega."

[18]

Hagamos justicia a Verlaine: no quiso fundar el predominio a la vaguedad; aspiró solamente a combinarla con la pureza de líneas, soñó con *la chanson grise. Où l'Indécis au Précis se joint.* No lo confundamos con hombres aberrantes como Verhaeren[21], que detestaba la claridad de los cielos italianos.

[IND-1921, BOL-1921, REP-1922, PAN-1924]

---

[21] Se refiere a Emile Verhaeren (1855-1916), poeta belga, uno de los más destacados poetas *simbolistas*.

[19]

Las gentes de climas fríos y nebulosos no son insensibles a la belleza; eso no es humano, no es posible sino como aberración.[22] Pero a veces son insensibles a la fealdad. La confunden con la belleza o tratan de justificarla con el nombre de carácter. Obsérvese su gusto en cuestión de perros: compárese el galgo con el *bull dog* y el *daschhund*.

[IND-1921, BOL-1921, REP-1922, PAN-1924]

---

[22] En la segunda versión que PHU agrega en su manuscrito, hay una variación a partir de aquí: "Son insensibles a la fealdad. La confunden con la belleza o la justifican con el nombre de *carácter*. Obsérvese su mal gusto en cuestión de perros: compárese el galgo con el *bull dog* y el *daschhund*."

[20]

Ver belleza en la oscuridad, ver carácter en la fealdad, son conquistas fundadas en el contraste.[23] No son nuevas; Tersites está en la *Ilíada*; Polifemo está en la *Odisea*, Pero la importancia que les atribuyó el siglo XIX viene del trastorno creado por el movimiento romántico. El *feísmo*, que la arquitectura medieval y la novela picaresca usaron con propósito grotesco o satírico, aspira a dominar, disfrazándose con nombres diversos.

[IND-1921, BOL-1921, REP-1922, PAN-1924]

---

[23] Ibíd.: "No son nuevas: el reino de las sombras está en la *Odisea;* Tersites está en la *Ilíada,* Pero la importancia que les atribuyó el siglo XIX es hija del romanticismo".

[21]

Si el influjo de los pueblos germánicos, a través de la tempestad romántica, implantó en la literatura el *feísmo*, el cultivo de la fealdad ya sin fines de contraste o de relieve, el influjo eslavo, después, crea el culto del horror. Había horrores en la literatura: así en Víctor Hugo, de todos los franceses el más aficionado a monstruos, el más gótico; pero sus monstruos, sus Gwymplains y sus Cuasimodos, son de fantasía como los monstruos en las catedrales de la Edad Media y su función brota del recurso favorito del poeta, la antítesis. Con Dostoyevski nace el culto del horror, tanto físico como espiritual: se apalea a los animales o se maltrata a los niños; se hace la disección, lenta, torturante, del miedo, de la locura, del crimen. El ímpetu del delirio levanta aquel mundo de pesadilla hasta bañarlo en luz mística y humanitaria. Pero en los secuaces de Dostoyevski, al faltar el ímpetu genial, aparece desnudo el mecanismo, y la pesadilla pierde todo límite: ya no sólo se maltrata al niño, se le estrangula; al animal se le descuartiza vivo; y el horror moral no tiene contornos.

[22]

El don de Grecia: *Sophrosyne*, la rienda que gobierna, energía pura bien gobernada que es siempre[24] la energía que sabe ser armonía. El don de Italia: *lungo studio, grande amore*. El don de Francia: *ordre et beauté, luxe, calme et volupté*.

[IND-1921, BOL-1921, REP-1922, PAN-1924]

---

[24] De la versión impresa se tachó la frase: "energía pura bien gobernada que es siempre".

[23]

Sobre los pueblos de tradición latina se alza siempre y para toda cosa, como paradigma platónico, la idea de perfección. Desde que Roma quedó fascinada por los inmarcesibles arquetipos de Grecia, el espíritu crítico de los pueblos latinos exige siempre, en toda obra, aquella perfección cuyo secreto se revelaba a los griegos como verdad cotidiana, Nuestra exageración de la tendencia crítica tiene su origen, no en mayor acritud de espíritu que la de otros pueblos, sino en el insaciable deseo de encontrar cosas sin tacha.

[24]

Me gustan los franceses porque tienen corazón.

—Pues a mí, Monsieur Frelin, me gustan porque tienen cabeza.

[IND-1921, BOL-1921, REP-1922, PAN-1924]

[25]

Si Julio Camba fuese inglés (*contradictio in terminis*), podría ser el humorista de moda en estos momentos: Bernard Shaw y Gilbert Chesterton envejecen, se repiten... Camba es, en España, uno de los pocos humoristas de periódico que tienen una *Weltanschauung*, que tienen ideas directoras bien definidas. Antes de él, sólo recuerdo a Luis Bonafoux (que no era propiamente español, ni vivió mucho en España): Bonafoux era el pesimista más uniforme y congruente que cabe imaginar.[25]

En Julio Camba hay una concepción del hombre como ente absurdo y una teoría de la civilización, cuyo eje es la superioridad del Mediterráneo. De cuán hondas raíces brota la teoría se ve en aquella maravillosa afirmación, que haría las delicias del *romanista* Chesterton: En España hay hombres que no saben leer pero son más civilizados que muchos alemanes llenos de ciencia.

Pero se me dirá: España le parece absurda a Julio Camba. Sí: el español es necesariamente absurdo, porque es humano. Pero tal vez no haya que desesperar de él: todo está en que acierte con el camino real, el camino que Francia supo descubrir a tiempo. El contraste de la suerte, de la fortuna histórica de los dos pueblos, lo expresa Camba con esta otra observación profunda: El español va a Francia y descubre el placer.

[REP-1923]

---

[25] Este primer párrafo fue tachado del original, pero se reprodujo en la versión del *Repertorio Americano* del 19 de marzo de 1923.

[26]

Viajando por Italia, se advierte cómo los pintores[26] procedieron como cubistas al reducir a fórmulas geométricas las formas exteriores que tenían ante sí. La cara de la mujer se reduce al triángulo en Florencia, al óvalo en Roma, al círculo en Venecia, al pentágono en Milán. Y así son, en la realidad, las caras de las mujeres italianas en nuestros días como en el siglo XV.

(El triángulo florentino: desde Frau Filippo Lippi hasta Verrocchio, pasando por Baldovinetti, Filippino, Ghislandio y Botticelli. El óvalo romano: Rafael. El círculo veneciano: los Vivarini, los Bellini, Giorgione, Tiziano, Lotto, Palma. El pentágono milanés: comienzo en Leonardo —cuya Virgen de las rocas todavía ofrece el triángulo florentino—, alcanza su fórmula en Mona Lisa, y luego lo repiten hasta la fatiga Boltraffio, Luini, Melzi, Solario).

1923

[CUB-1924]

---

[26] Se tachó "coincidieron con el cubismo" y en su lugar: "procedieron como cubistas".

[27]

El hierro sirvió en el Renacimiento para el arte admirable de la rejería. Italia lo crea; España lo hace suyo: concuerda con su fondo recio. Ahora nacen del hierro las mejores creaciones, suerte de rejería monumental: estaciones de ferrocarril, los puentes de Brooklyn, Torre Eiffel, "jirafa de encajes".

[28]

El éxito engendra la imitación: todos lo sabemos. Pero no siempre advertimos que las imitaciones tienden a volverse[27] deformaciones. Así, cualquier tema, cualquier problema humano cuya representación, en literatura, tenga éxito, se deforma con la repetición, y sus últimas interpretaciones llegan a contradecir la realidad en que pretenden apoyarse: surge una casuística cuyo punto de partida es el problema planteado en las obras de éxito y cuyo desarrollo se limita a variaciones de planteo; en estas variaciones, obra de la sola imaginación, sin apoyo en la realidad inmediata, se avanza siempre, como es natural, hacia la irrealidad, hacia el absurdo.

Así ocurrió con el honor en el teatro español de los siglos de oro: el tema nace de casos de la vida, pero poco a poco va alejándose de ella a través de la casuística de Calderón, hasta dar en situaciones inhumanas e imposibles como la de *El médico de su honra*. Así ocurrió con la licencia de costumbres en el teatro inglés bajo Carlos II: en las deliciosas comedias de Congreve los personajes viven en el mundo de las costumbres paradójicas. Así ocurre hoy con el tema del adulterio entre los rezagados del teatro francés y entre sus secuaces italianos:

---

[27] En el original se tachó "convertirse en" y en su lugar se escribió "volverse", pero luego, en *Repertorio* y en *Cuba Contemporánea*, se recuperó la primer versión.

Dumas hijo impuso el adulterio en el teatro realista, y desde entonces los dramaturgos se dedicaron a presentar variaciones del tema, extremando día por día los casos, y, desde luego, perdiendo de vista las variaciones de la vida francesa. Henri Becque en *La parisienne*, pareció darnos el caso último junto con la sátira del problema. Pero no: la casuística persistió durante cuarenta años más, y así se ven, en el siglo XX, dramas como los de Bataille, o los de Pirandello,[28] realistas en apariencia pero en verdad fantásticos e imposibles en sus *données*.

[Cun-1923, Rep-1923, Cub-1924]

---

[28] La frase "o los de Pirandello": en el original tachado, pero luego incluido en las versiones impresas de *Repertorio Americano* y *Cuba Contemporánea*.

[29]

Hay quienes dicen que en nuestros días abundan los escritores de ideas originales, sobre todo entre los ingleses. Pero todo es cuestión de forma: todo estriba en el modo de presentar al lector las ideas.

Hasta hace poco, una idea nueva se le presentaba sin alardes: se exponía, sencillamente. Ahora, no sólo las ideas nuevas se anuncian con clamor de trompetas, sino que a las ideas viejas y familiares se les dé forma de paradoja para que parezcan novedades. Chesterton o Papini nos aturden con su estrépito, nos deslumbran con su pirotecnia, para convencernos, por ejemplo, de que la Tierra gira alrededor del Sol.... Gracián recomendaba "no dar en paradoxo por huir de vulgar". Ahora, Perogrullo se vuelve paradójico.

[CUB-1924, MUN-1925]

[30]

—Muy fino. Barbey d'Aurevilly. Muy ingenioso. Sino que le preocupan demasiado, como a su heredero en *dandysmo*, Marcel Proust, la distinción, la elegancia, el *monde*.

—Es que el *monde*, la sociedad elegante, era cosa relativamente nueva en tiempos de Barbey.

—¿Cómo había de ser cosa nueva? Provenza, la Italia del Renacimiento, la Francia de los Luises...

—Quiero decir que la sociedad elegante era cosa nueva como "fin en sí", como mundo que halla en sí propio, y no fuera, su objeto y su justificación. Para las cortes medievales, el interés de la vida social estaba en los ejercicios de valentía y de ingenio, las justas y los torneos, las contiendas literarias. Para las cortes del Renacimiento, el fin era la cultura, con toda la amplitud humana que sabe atribuirle el Mediterráneo: así, los ideales del *Cortesano* de Castiglione pudieron trasmitirse, sin absurdo ni paradoja, a los héroes trágicos de Corneille. Y el ideal francés bajo los Luises no era otro: el *honnête homme* era el paradigma del caballero, y las actividades de la gente distinguidas eran, entre otras, discutir de literatura en el Hotel Rambouillet, tomar partido en favor de una de las tendencias contrarias que se disputaban el dominio de la ópera, ayudar las empresas pedagógicas de la Maintenon, aprender ciencia con Fontenelle o escepticismo con Voltaire, aplicar ideas de Rousseau, ensayar la utopía retrospectiva de Arcadia.

—Pero también pensaban en la elegancia, en la ostentación...

—Sí. La elegancia era requisito, pero no fin de la vida, en la sociedad aristocrática. No se había convertido en fin lo que sólo es medio. En el siglo XIX, a medida que el *mundo elegante*, el que por tradición lo era, va perdiendo el poder político, se declara dueño único de la distinción.

—Ardid de guerra.

—Y recurso para conservar dominio. En tiempos de Barbey, la situación era nueva, y el *monde* tenía encanto equívoco. Y todo lo equívoco hacía las delicias de Barbey. Pero poco a poco la distinción y la elegancia fueron vaciándose de contenido, refugiándose en los signos exteriores. A la distinción del "hombre honesto" sucedió la del hombre bien vestido; la elegancia en el cultivo de todas las artes se redujo a la elegancia para bailar; el placer del respirar ambientes de distinción espiritual se convirtió en la vanidad de moverse dentro de círculos cerrados. El *monde*, al perder su contenido, acabó por perder interés. Al *dandy* de Barbey, que agradaba como reliquia pintoresca, sucedió el *snob* de Trackeray, el más intolerable de los tipos sociales.

[Cub-1924, Mun-1925, Rep-1925, Mar-1925]

[31]

Una de las modas literarias de los últimos cincuenta años, una de las más curiosas, es la *moda cristiana*. En los países románticos, de tradición católica, el escritor aspira a cristiano fuera de la ortodoxia; pero como nunca ha leído íntegros los *Evangelios*[29] —en eso es inferior a cualquier protestante—, su *retorno al cristianismo* resulta una combinación arbitraria de sermones escuchados en la adolescencia y literatura derivada de Renán. Se pretende, es verdad, que "no hay que leer a Renán", pero se lee a sus epígonos[30]: pero sólo sabe precaverse, desconfiar de las imitaciones, el que ha leído los originales.

[REP-1925, MAR-1925]

---

[29] Versión final de esta oración: "pero como nunca ha tenido paciencia para leer íntegros los Evangelios".

[30] "Pero se lee a sus epígonos:" se incluyó en la edición impresa.

[32]

Los grandes novelistas ingleses —así Richardson, Fielding, Dickens, Thackeray— tienen genio, son torpes en composición. Hay excepciones, pero raras: Jane Austen... La buena composición de la novela moderna principia en Cervantes, no en la primera sino en la Segunda Parte del *Quijote*. Son las franceses quienes la perfeccionan y la generalizan, con modelos tales como *La Princesa de Cleves* y *Manon Lescaut*.

[CUN-1923, MUN-1925]

[33]

—El alma del bárbaro, dice Santayana, odia la justicia y la paz. El hombre del Norte, de los climas fríos del Norte, señora, es bárbaro porque cree en la primacía de la voluntad sobre la inteligencia; de la fuerza que impone sus actos[31], sobre la justicia que razona sus preceptos; de las restricciones rituales en la conducta, sobre la libertad fundada en la razón y el gusto; del esfuerzo, sobre el resultado; de la agitación y la lucha, sobre el equilibrio y la armonía. Por eso, y por las exigencias de los climas septentrionales, ha creado la barbarie industrial en que vivimos, rodeados de la sombría fealdad cuya propagación aterraba a William Morris.

—El cual, señor mío, no era ningún hombre del Mediterráneo.

—No: era inglés. El inglés, a pesar de las teorías germánicas del siglo XIX, es por su educación teutónico en parte y en parte románico, ser contradictorio...

—¿Y nosotros, los norteamericanos, no participaremos de esa dualidad favorable?

---

[31] Ms: tachó "consuma hechos" y en su lugar puso "impone sus actos".

—¡Ay señora! Creo que el clima de los Estados Unidos, menos suave que el de Inglaterra, y el delirio de lucha y de actividad económica creado por necesidades de crecimiento, han contribuido a producir la regresión al tipo septentrional; los Estados Unidos resultan más germánicos, más bárbaros, que Inglaterra.

—Y ya que ha hablado usted a más y mejor sobre nuestra barbarie ¿me permitirá expresar mi sospecha de que los hombres del Sur son peores que bárbaros, en fin, que son salvajes?

—No lo niego. Pero es más fácil civilizar al salvaje que al bárbaro.

[NOS-1923, CUB-1924]

[34]

El inglés, ser contradictorio... Cuando, a mediados del siglo XIX, los alemanes se declararon dueños absolutos de la investigación histórica y de la filología, Inglaterra fue clasificada autoritariamente entre las naciones germánicas. Había *razas* destinadas al éxito, el dios del siglo; otras destinadas al fracaso: la *raza latina*, por ejemplo. Y veinticinco siglos de historia se explicaban así: *breves* triunfos de Roma; triunfos de Italia, Francia, España, merced a la sangre bárbara que las rejuveneció... El inglés tenía éxito; era, *por lo tanto*, inevitablemente, germánico. ¿Qué mucho, si también se pretendía que los antiguos griegos eran germánicos de origen?

La historia inglesa, en la pluma de los escritores *victorianos*, sufrió extrañas torsiones para probar la tesis teutónica. Inglaterra estuvo poblada por celtas; durante más de cuatro siglos fue romana... Pero era fácil deshacerse de estos celtas latinizados; según Green, según Freeman, los teutones invasores del siglo V limpiaron a Inglaterra de celtas, matándolos o haciéndolos huir al País de Gales. Para ello, es verdad, habría que suponer enormes movimientos de población: los teutones habrían tenido que atravesar el Mar del Norte, no en pequeños grupos de piratas, sino en masas innumerables, a bordo de barcos como los trasatlánticos modernos; y el aniquilamiento y destierro de los celtas —mera suposición— no va de acuerdo con las costumbres de aquella época, en que los enemigos se entendían fácilmente después de la victoria y convivían sin esfuerzo, aceptando su inferioridad los vencidos. No terminaban ahí las dificultades para los historiadores *victorianos*: en 1066 sobreviene la conquista francesa; Francia e Inglaterra quedan íntimamente unidas; los ingleses hablan, desde el siglo XI hasta el XIX, el francés, junto con el inglés antiguo, llamado antes anglosajón, que subsiste entonces como lengua inferior, se afrancesa a toda prisa y se transforma totalmente. Urgía reducir a polvo —en los libros— esta segunda *romanización* de Inglaterra: había que mantener la "pureza de raza", la pureza teutónica del inglés. La cosa resultó fácil: por fortuna, la conquista francesa lleva el nombre popular de *conquista normanda*, porque el jefe era Duque de Normandía. Consta que sus tropas no eran sólo normandas, ni con mucho; Guillermo llevaba consigo multitud de picardos y angevinos. Y después de la conquista, franceses de toda Francia, hasta provenzales, iban a Inglaterra como quien va a una provincia de su país. Pero normandos habían de ser para los escritores *victorianos*; y los normandos eran teutones... ¿Cómo? ¿Teutones los burgueses de Rouen y del Havre, teutón Corneille, teutón Flaubert? No, esos no... ¿Pues cuáles? Los del siglo XI, *solamente* los del siglo XI... Los piratas escandinavos habían descendido sobre la costa normanda y la habían poblado". Es verdad que pocos piratas debieron de bajar a aquella costa, porque no llegaron a imponer su lengua, sino que adoptaron la francesa, la de los habitantes con quienes se mezclaron, a cuya civilización se acogieron. Pero el historiador no se arredra: si los hechos no le dan la razón, los reducirá a fórmulas interesadas; y así, los conquistadores del siglo XI son normandos y los normandos eran teutones. La pureza de raza se había salvado. La que había salido muy maltrecha era la lógica.

Pero ¿qué tienen que ver los ingleses con la lógica?

1921 [Nos-1923, Cub-1924]

[35]

El mayor problema, en la historia del pueblo inglés, es saber qué ocurrió en el siglo XVII: por qué la *Merry England* de Chaucer y de Shakespeare, la vivaz y robusta hermana de Francia, se convirtió en la solterona puritana, temerosa de sí misma y censora de los demás. Cromwell y sus puritanos son síntomas no causas. La reacción libertina, bajo Carlos II, es forzada; no tiene la elasticidad de lo espontáneo...

¿Será verdad que Inglaterra recobra hoy la franqueza y la alegría? Hasta se dice que las nieblas van disminuyendo.

[Nos-1923]

[36]

De paso en la colonia británica de Trinidad, es fácil observar las limitaciones del inglés: no sabe comer, y aunque vive en el trópico no se aprovecha de los ricos frutos que brinda a su paladar; le son indiferentes las flores, y así, aunque el trópico le ofrece maravillas para sus jardines, prefiere el absurdo[32] prado de césped verde, donde puede entregarse ¡con cuarenta grados de calor! a sus juegos de clima frío.

1922

[Nos-1923, Cub-1924, Mun-1925]

---

[32] En el manuscrito aparece tachado "absurdo", pero luego se incluye en las versiones impresas.

[37]

El trópico, —afirmaba la sociología popular del siglo XIX, especialmente la inglesa y la alemana,— no es buen escenario para la alta civilización. El calor la estorba... Visitando colonias tropicales de Inglaterra, — Trinidad, por ejemplo— pensamos que aquella opinión pudiera contener verdad. Pero luego Belem y Recife, en el Brasil, prueban lo contrario... ¿No deberíamos limitarnos a afirmar la ineptitud del inglés para crear civilización en el trópico?

[NOS-1923, CUB-1924, MUN-1925]

[38]

La *nordomanía* de nuestra época se explica fácilmente con el culto ingenuo del éxito: el Norte germánico[33] tuvo éxito durante el siglo XIX; está en triunfo todavía. Pero hay más: a veces, lo que se impone es el espejismo romántico de la sencillez, de la pureza espiritual, del vigor juvenil. Las gentes del Norte —se cree— son menos complicadas que las del Mediterráneo o sus herederas en cultura[34]; y la complicación —se pretende— es signo de decadencia. Admirar al bárbaro inventor de máquinas y lector de la Biblia es, por lo tanto, herencia del siglo XVIII, de la idealización del hombre primitivo. Responde a una tendencia paradójica, común en momentos agudos de civilización: por ella admiraba Platón a Esparta, Tácito a los germanos.

[NOS-1923, CUB-1924]

[33] En la versión impresa se eliminó "germánica".

[34] De la versión final se eliminó esta frase: "o sus herederas en cultura"

[39]

En momentos de disgusto, hasta se nos figura que el Norte sólo produce cosas malas: la miopía, la calvicie, el puritanismo, la idea de la lucha por la vida…

[40]

¡Cuántas teorías se han hecho sobre las diferencias entre las dos Américas, la teutónica y la románica! ¡Cuánta sociología de orador, cuánta etnología de periodista! Pero lo que nunca debiera olvidarse es que los Estados Unidos trabajan...

[41]

Nadie más complicado que el salvaje: toda su vida está gobernada por extenso código de *tabús*. Nadie menos puro que el bárbaro: su vida moral es una perpetua lucha entre el temor a sus propios instintos y el deseo de justificarlos. Sólo el espíritu, echando luz constantemente sobre las cosas, puede darnos la verdadera libertad; sólo la cultura perfecta crea la perfecta sencillez.

[42]

En Occidente, la mujer ociosa ¿no es una invención del siglo XIX? Desde los tiempos de Penélope —arquetipo antiguo[35] de la dama— hasta el siglo XVIII, la casa europea fue amplio taller. Allí se daba forma a todos los alimentos, desde el pan hasta el dulce que ahora nos vienen de fuera; la huerta, o el patio, daban la legumbre, la fruta, la flor; y, sobre todo, la señora de casa grande dirigía el complicado taller que la industria moderna ha dividido en quince negocios; desde el hilado y el tejido hasta la labor final que creaba el traje, el mantel, la sábana, la cortina, la alfombra. Bajo la mirada vigilante de la señora, los dedos de las doncellas "se movían sin cesar como las hojas del álamo bajo el viento".

las ciento hilaban el oro,

las ciento tejen candal...[36]

---

[35] Se tachó "inicial" y en su lugar, "antiguo".

[36] A continuación, PHU estampa su firma, como si aquí concluyese el proyecto de libro. Luego continúa en el archivo una página con el número 3, al parecer parte de otro texto. Después, se insertan más notas.

APÉNDICE

C omo Maeztu se declara "desencantado de los países extranjeros", muchos podemos declararnos desencantados del maleficio de la *nordomanía*. En momentos de disgusto, hasta se nos figura que el Norte sólo produce cosas malas: la calvicie, la miopía, el puritanismo, la idea de la lucha por la vida...

1921

[IND-1921, REP-1922, NOS-1923, PAN-1924, CUB-1924]

—¿**P**or qué no dejar tranquilas a las gentes del Norte?

—Porque vivo entre ellas.

—¿Por qué señalar sólo sus defectos y tal vez hasta atribuirles más de los que tienen?

—Porque durante cien años nos han ensordecido (¡y hasta seducido!) con la propaganda de sus virtudes, y no cabe duda de que se atribuyeron más de lo que tienen. Y todavía...

[REP-1923]

En las mañanas ¡cuántas veces nos echamos a la calle con el desaliento de tener que levantar en vano, todo el día, como la roca de Sísifo, la absurda mole de los conflictos humanos! Pero el día, derrochándonos, brilla como prodigio de azul y de oro.

Durante muchos años creí que no me agradaba la música religiosa: salvo contadísimas excepciones (a veces, en Bach), me resultaba soporífera. Desde *El Mesías* hasta *Parsifal*. Mi mala fortuna me hacía oír música religiosa de compositores protestantes. Pero al fin oí la *Misa breve*, de Palestrina, y recordé la música eclesiástica de mi infancia, y mientras la escuchaba me parecía ver figuras juveniles danzando al sol. Decididamente, aun en el orden religioso hay que *mediterraneizar* la música.

[IND-1921, BOL-1921, REP-1922, PAN-1924]

Al releer las páginas que dedica Rodó a los Estados Unidos, en *Ariel,* me asombra hasta el estupor la exactitud de sus juicios. Hace todavía diez años no me parecían justos: aún sin contar con la *nordomanía* —que no todos supimos evitar, ni sabemos—, mis opiniones se fundaban en el solo conocimiento de Nueva York. No es que Nueva York no sea típica del país: hay aspectos en que es acaso la ciudad más típica, y sirve, además, de modelo a las otras. Pero es fácil, allí, evitar el contacto frecuente con las formas menos agradables de la vida norteamericana.

Cuando se vive en Washington, o en Chicago, o en Minneapolis, o en San Francisco, se vive necesariamente "a la americana", para bien y para mal. Y entonces es imposible no estar de acuerdo con Rodó, a quien dan la razón, también, los escritores rebeldes de la nueva generación en los Estados Unidos[37].

1921.

[REP-1923]

---

[37] Se tachó "norteamericana", y en su lugar, "los Estados Unidos"; pe-ro en la versión impresa de *Repertorio Americano*, se revirtió el cambio.

Revolotea en mi memoria la frase de Rodó: "Chicago se alza a reinar". Hace veinte años, mitad hecho, mitad profecía; hoy es verdad. Chicago, con todo su horror y todo su esplendor, es hoy el símbolo y el centro de la vida norteamericana: es quien asume la dirección espiritual del país.

1921.

[REP-1923]

Existen, para la imaginación del artista, tres clases de mundos: el exterior, material y formal, donde sólo se quedan los espíritus tardos, incapaces de correr tras nuevos arquetipos o de descubrirlos bajo la apariencia; dos mundos interiores: uno de formas y otro de ideas: con cualquiera de ellos se supera al exterior, así sea la obra las *Mil y una noches* o el *Paradiso*.

[MAR-1925]

Uno de los sofismas que ha puesto en circulación el capitalismo contemporáneo, para oponerse al socialismo, es que el hombre se mueve por el dinero y que, por lo tanto, el dinero no puede suprimirse, a menos que se desee paralizar la actividad humana. El argumento demuestra que las doctrinas populares del capitalismo no han llegado ni siquiera a la altura de la *escuela liberal*: todavía están ancladas en la economía política de la Edad Media; todavía se cree que el oro es la riqueza.

No siendo el dinero más que representación, signo de cosas sustanciales cuyo disfrute sí mueve al hombre, y no pudiendo desaparecer esas cosas sustanciales, aunque su disfrute se organice de modo nuevo, no podrán desaparecer las incitaciones a la actividad.

[Nos-1923, Mun-1925: II]

La obra de Debussy, como etapa de la música, no coincide exactamente con las etapas de la poesía y la pintura a que aparece unida: avanza sobre ellas. Las ecuaciones Debussy=Verlaine o Debussy=Mallarmé no tendrían la justeza que Schumman=Heine o Chopin= Musset; ni siquiera la ecuación Debussy=Monet valdría como Strawinski =Picasso. Como intérprete de Verlaine, La Providencia= la ley de casualidad.

R.G.R.[38] (ante una fotografía de edificios gigantescos de Nueva York): —El mejor nombre para los Estados Unidos sería Hipopotamia.

P.H.U.— Y se divide en tres provincias: Puritania, Esclavia y Cowboyia.

---

[38] Ricardo Gómez Robelo (1884-1924), poeta y abogado, uno de los fundadores del Ateneo de México. Vivió exiliado en San Antonio, Texas, entre 1915 y 1920.

Carl Sandburg es el poeta de Chicago. Ama el vigor, el ímpetu, la novedad de la urbe monstruosa; detesta su brutalidad, su indiferencia, su incapacidad para la limpieza material y espiritual. De esta doble pasión, de este amor-odio, se nutre su poesía.

***

Si Carl Sandburg es el poeta de Chicago "que se alza a reinar", Robert Frost es el poeta de la tierra que muere, la Nueva Inglaterra en crepúsculo. Hasta su severo ritmo tradicional —tradicional en lo exterior— responde al carácter de la Nueva Inglaterra.

***

La poesía de Sandburg parece destinada a dar una solución luminosa (una entre varias posibles) al problema de crear una nueva forma poética en el inglés de los Estados Unidos. El material con que trabaja no es el idioma complejo, artificial, preñado de imágenes y de alusiones, que baja de Spenser y de Shakespeare, y que ahora, en manos de Alice Meynell o de Lascelles Abercrombie, resulta impenetrable para el vulgo. No: su material es la lengua hablada de Chicago, del centro del país, el *Middle West.* Unas veces, la lengua está depurada, simplificada: y entonces su calidad poética es evidente. Otras veces, la lengua queda transcrita con todas sus impurezas del momento: entonces los prudentes se asustan, dudan de que aquello sea poesía. Y el verso es libre: no el antiguo verso de

Whitman cuyo ritmo era las más veces pensado, hijo de la cabeza—, sino otro verso que se ajusta a las pausas rítmicas de
la lengua hablada, la lengua de Chicago.

1921

[REP-1923]

¿Por qué España —que con tanto empeño aspira a tener filósofos— no se entera de quién es Santayana?

[ÍND-1921]

Están de moda los niños en la literatura. Desde hace años, *Poetry*, de Chicago, da a conocer versos infantiles. Los de Hilda Conkling, dicen los maliciosos, son los mejores que se escriben en la familia. La madre, Grace Hazard Conkling, canta siempre su delirio (estilo de Mme. De Noailles) ante el paisaje mexicano...

Es fácil convencerse de que los niños hacen versos. Y aun más si escriben versos libres. ¿Pero novelas? ¿Novelas llenas de malicia, como *Los jóvenes visitantes*, de Daisy Ashford? ¿O en verdad la malicia fue inconsciente? De todos modos, Daisy es encantadora por la inocencia —real o fingida— con que inventa situaciones socialmente absurdas, cuando no francamente escandalosas; sobre todo la inicial: A Mr. Salteena le gustaba invitar a sus amistades a que fueran a vivir a su casa, y ahora tenía consigo a una muchacha de diez y siete años... Para colmo de confusión, *Los jóvenes visitantes* es una de las novelas mejor compuestas que se han publicado en Inglaterra durante los últimos años: la técnica es compacta, bien coordinada, como en pocos novelistas ingleses.

La rival de Daisy, Opal Whiteley, no alcanza iguales per-fecciones. Pero esta *fanciulla del West* (norteamericana en apariencia, aunque de misterioso origen francés, confirmado por su cara hexagonal), tiene notas de sabor infantil genuino: "Por ahí va el camino que llega hasta la casa de Sara. No sé para cuando llega a la casa; pero yo sí, muchas veces... El molino hace mucho ruido. Puede hacer dos cosas a la vez. Hace los ruidos y hace de la madera tablas... Este camino tenía ganas de atravesar la *riviére.* Unas gentes sabias que lo comprendieron le fabricaron un puente para que pasara... El valiente Horacio (su perro) comió su cena cerca de mí. Después miramos salir las estrellas... No sé qué pensar de las gentes. Son difíciles de entender... La mañana está contenta sobre las colinas. Oigo un canto como el canto del *verdier.* El cielo canta en tonos azules. La tierra canta en tonos verdes. ¡Soy tan feliz! La madre se ha ido de visita..."

[ÍND-1921]

Las traducciones que hizo el poeta peruano José Arnaldo Márquez de ocho obras de Shakespeare acompañaron y alegraron los últimos años de mi infancia; recuerdo con placer muy especial el *Sueño de una noche de verano*, *Como gustéis*, el *Cuento de invierno*. Márquez era buen poeta, pero prefirió traducir en prosa, y sólo puso en verso las deliciosas canciones intercaladas en las comedias. Su prosa es fluida, delicada y sobria; no trata de apegarse demasiado al original, cuyas dificultades —todos lo sabemos— son a veces invencibles, pero sabe conservar la fresca vivacidad de los días y la clara severidad de las tragedias históricas, *Coriolano* y *Julio César*.

TRES NOTAS
(ENVÍO DE P.H.U. LA HABANA, 5-II-41)

Anatole France tenía fama de distraído y de olvidadizo. Su capacidad de olvido llegó a tener forma de vicio. Hace poco, en una charla pública en Cambridge, André Maurois contaba que, hallándose de servicio durante la guerra de 1914, había publicado su primera novela y se la había enviado al patriarca literario; en respuesta recibió una carta muy amable de France, que lo invitaba a visitarlo en París cuando obtuviese licencia para ausentarse del frente. Cuando Maurois obtuvo la licencia, fue a visitar al maestro, y descubrió que ya había olvidado el libro y la carta.

La conversación fue muy poco animada. Oyendo Anatole France que Maurois prestaba servicios adscrito a un regimiento británico, le pidió que le ayudara a recordar en qué colonia de África se encontraba un inglés amigo suyo. Maurois enumeró sin éxito las colonias inglesas de África; pensó que el autor de *Thais* no podría haberse olvidado del Egipto, que además no es propiamente colonia inglesa, pero al fin se atrevió a aventurar:

—¿No será Egipto?

—¡Ah! Eso es en Egipto —contestó el patriarca.

Hace unos treinta años, Anatole France fue a Buenos Aires a dar un curso de conferencias sobre Rabelais. En aquella época, disfrutaba de ilimitada admiración entre los argentinos, y uno de los más ricos, el Sr. Llavallel, le cedió su palacio para que lo habitara. Durante semanas, Anatole France vivió allí espléndidamente.

Llavallol se había retirado a vivir en otra parte, y lo visitaba de cuando en cuando.

Posteriormente, Llavallol fue a Europa. Al llegar a París, acudió a casa de Anatole France y le envió su tarjeta. El novelista, según parece, no reconoció el nombre, y no recibió a su señor o su hospedador de Buenos Aires. Llavallol contaba que sólo una vez logró ver a Anatole France en Europa: se encontró con él en el pasillo de un vagón de ferrocarril. En el momento en que estuvieron frente a frente, el tren hizo un movimiento brusco y los dos hombres tropezaron. La cadena del reloj de Llavallol se enganchó en uno de los botones del chaleco de France, y el reloj saltó y quedó colgante. Anatole France desenganchó cuidadosamente la cadena y devolvió a Llavallol sus prendas, diciéndole:

—Le asegure, señor, que no tengo la costumbre de hacer estas cosas. Pero no lo reconoció.

E. P. GARDUÑO

Año después de la caída de Porfirio Díaz, un caballero español que había sido cónsul honorario de México en una ciudad oriental de Cuba fue a visitar al anciano guerrero liberal y antiguo dictador,[39] y en el curso de la visita le dijo:

—El pueblo mexicano ha sido ingrato con usted.

Porfirio Díaz lo rectificó:

—El pueblo mexicano no es ingrato.

Entonces el español rectificó a su vez;

—Por lo menos, el pueblo mexicano se ha equivocado.

Y Don Porfirio:

—El pueblo mexicano no se equivoca.

E. P. GARDUÑO

---

[39] A seguidas, agregado a lápiz –pero no incluido en la versión impresa-, "autoritario".

Hace dos a tres años, el poeta argentino Fernández Moreno sufrió la pérdida de Ariel, su hijo adolescente. La desgracia lo afecto tanto, que le impidió trabajar durante muchos meses. El Ministerio de Instrucción Pública nunca le suspendió sus sueldos de profesor. Y el jurado de los premios nacionales le acordó el de Literatura, que el poeta llevaba merecido desde mucho tiempo antes. Con el premio nacional, la esposa del poeta decidió comprar una casa. Cuando quiso pagar la comisión usual sobre la compra, el intermediario le dijo: "A Fernández Moreno yo no le cobro nada".

Y cuando quiso pagar la cuenta de trescientas pesos argentinos que importaba la limpieza y desinfección de la casa, el director de la empresa le preguntó; "¿Qué Fernández Moreno es éste? ¿El poeta?" Al responder que sí la dama, el hombre de negocios le dijo: "Para Fernández Moreno nuestro trabajo es gratuito".

E. P. Garduño

[Rep-1941]

MATICES MEXICANOS

En Madrid, hace muchos años, hablando de gustos y sabores del verso, Enrique Díez Canedo me hizo observar que había una manera mexicana de matizar el endecasílabo (la conversación de Díez Canedo estaba llena de estas observaciones curiosas, que raras veces pasaban a sus escritos). Me bastó oírlo para reconocer la manera.

—Sí —le dije— y el maestro de los "endecasílabos mexicanos" es Gutiérrez Nájera.

—Efectivamente. Y abundan en Urbina. Y en González Martínez.

Dejo a los curiosos el trabajo de buscar ejemplos. Esta manera de endecasílabo resbala con suavidad, acentuando discretamente, apoyándose en bien distribuidas sibilantes, ahorrando fonemas oclusivos y sílabas cargadas.

✳ ✳ ✳

Cuando digo mexicanos, de intento me limito a la zona que en México llaman "la mesa central", la templada y serena altiplanicie que ocupa el centro del país. Los poetas de las tierras bajas, de las "tierras calientes", como allá se dice, son muchas veces distintos de los poetas de la altiplanicie. Altamirano, Díaz Mirón, Carlos Pellicer... Sólo que de cuando en cuando la "tierra fría" se apodera del hombre de "tierra caliente", como Castilla se apodera del andaluz: Antonio Machado, Juan Ramón Jiménez, José Moreno Villa. Así sucede con Díaz Mirón: el tropical de los versos *A gloria* escribe el *Toque*, paisaje melancólico que se confunde con los que pintaban los poetas de las tierras altas,

Gutiérrez Nájera nunca hizo paisajes, a pesar de que en México eran muy comunes en su tiempo, ni menos buscó a sabiendas el color local. Pero nada me trasmite la impresión del valle de Anáhuac como los versos de Gutiérrez Nájera, que sólo dibujó breves paisajes ideales, paisajes que le nacen del sentimiento, olvidados de todo modelo natural, al parecer:

En las ondas de plata
de la atmósfera tibia y transparente...
Que muda aspira la infinita calma...

¡Qué bueno es descansar! El bosque oscuro
nos arrulla con lánguida armonía...
El agua es virgen. El ambiente es puro.

La luz cansada, sus pupilas cierra;
se escuchan melancólicos rumores...

***

MINIATURA PEDAGÓGICA[40]

—El día está espléndido. Tenemos 60 grados Fahrenheit, en vez de los 10 o 20 a que estamos acostumbrados en Minnesota.

—Sí, y en vez de la nieve petrificada, como es de uso en el invierno de Minneapolis, tenemos lodo, como en el invier-no de París.

—Pues vamos a pasear conversando, como en París...

—¡Cómo, señor estudiante! ¿Viene usted a buscar conver-sación entre los profesores, que somos la porción menos inteligente de la Universidad?

—Adivino que últimamente no ha padecido usted mucha compañía estudiantil... fuera de clase.

—Así será... De todos modos, no me atrevo a invitarlo a que venga conmigo al club de profesores. Nuestra docta plática versa comúnmente sobre si nos suben o no nos su-ben el sueldo. No encajaría bien hablar de Bergson o de Eucken, como usted querrá.

---

[40] *Miniatura pedagógica* es el primer texto que aparece *En la orilla: gustos y colores*. Posiblemente fue escrito en los días últimos de su estancia en la Universidad de Minnesota.

—No querré, no.

—¿Ya no están de moda esos señores?

—Ahora somos realistas, con Santayana y Russel: según Bertrand Russel…

1921.

MINIATURAS MEXICANAS[41]

A Daniel Cosío Villegas

I

LA TRIPLE MÉXICO

Para quien tenga ojos, cualquier viaje será viaje a Italia. En México, no cabe duda: sus ciudades anti-guas tienen el encanto de las continuas sorpresas. Y su capital ofrece al espectador, como Roma, tres ciudades sucesivas, vivientes aún: la ciudad triple sobre las capas de ciudades sepultas. En Roma coexisten arquitectónicamente la urbe de los Césares, la ciudad de las basílicas cristianas y la corte de los Papas del Renacimiento, que alcanza su áureo mediodía en San Pedro, y su fastuoso crepúsculo barroco, en las fachadas y las fuentes del Bernini. Pero la unidad se impone; basta mirar a la mujer romana, aristocrática o plebeya: el busto tiene todavía las amplias líneas marmóreas de Livia y de Julia; la cara es todavía el óvalo rafaélico.

Así, México ofrece, si no los veinte siglos de Roma, al menos el compendio de cuatro centurias: la Tenochtitlán lacustre de los emperadores aztecas, la corte de los virreyes españoles, la

---

[41] Se publicó en *Nosotros*. Buenos Aires, v. 40, núm. 155, abril de 1922, pp. 455-459; *Repertorio Americano*, tomo 7, núm. 2, 1 de octubre de 1923, pp. 1-3.

atormentada capital independiente, republicana con eclipses monárquicos. Y la unidad (en la dualidad, si queréis) se impone también: en 1921, como en 1521, transitan por las calles el español que combate a las órdenes de Cortés o de Iturbide y el indio que combate a las órdenes de Cuauhtémoc o de Morelos.

II

LA SUPERVIVENCIA DE TENOCHTITLÁN

Sobre las ciudades sepultas en que se asienta México, la Tenochtitlán de los aztecas persiste todavía a flor de tierra. Se desciende o se cava, uno o dos metros, en las inmediaciones de la Catedral, y se tropieza con edificaciones piramidales y con grandes ídolos y frisos simbólicos. A veces, Tenochtitlán sube y se muestra, como en la formidable cabeza de serpiente que sirve de piedra angular a la casa de los Condes de Calimaya; y la Piedra del Sol es todavía monumento público que a través del patio del Museo atrae los ojos del transeúnte de la calle. Y si no con el Museo, y si no con el azteca viviente, con su tipo étnico y su lengua nativa, nos convenceríamos de la persistencia de Tenochtitlán yendo a visitar una de sus antiguas dependencias: yendo, por el canal que abrieron los indios, a Xochimilco, rústico resto de las Venecias indígenas que en otro tiempo se desparramaban por todo el valle de Anáhuac, Arcadia lacustre donde el hombre piensa solo en las flores y los frutos que cultiva, entre columnatas de sauces verticales, émulos de los chopos del Mediterráneo.

III

MAR DE VERACRUZ

Otra vez, el sortilegio de los mares cálidos... El viento es una larga caricia de amor, de amor que nunca desfallece; el espacio es una esfera de cristal azul dentro de otra esfera de cristal dorado; y del mar, caja de todos los colores y arca de la vida, se desprenden hacia nosotros las olas. Nada en la naturaleza fascina y retiene como las olas: son catástrofes rápidas, pero majestuosas, cada una con culminación diversa, con desenlace distinto. Todos deseamos ver cómo se desarrollará, cómo terminará cada una de aquellas tragedias... aunque sabemos bien que el desenlace ha de ser, como en el drama griego, aquietamiento final.

IV

ARCA DE LA VIDA

Entramos al mar, al dulce mar cálido... Y la energía, que se agota en el frío persistente de las alturas, renace a borbotones, al contacto del agua salobre: cada ola es una oleada vital; el ritmo de la sangre se vuelve sumiso al ritmo del mar. Y comprendemos otra vez que no la tierra, el mar es el arca de la vida.

V

PÉRFIDA ONDA

¡Delicia de entregarse a la ficción infantil de desafiar a las olas! Como en la infancia, cada ola tiene vida propia, tiene nombre de mujer. Sus embestidas, de frente, regocijan como abrazos; su intento de arrastrarnos consigo, al regreso, divierte como fracaso en el juego. Y así nos entregamos a ellas. Pero...

¿Recordáis, hermanos argentinos, cómo nos traicionaron aquellas maravillosas olas purpúreas de Cuyutlán, el día en que *descubristeis el Pacífico*? No hay perfidia como la de la onda, en las playas abiertas, que por abiertas nos incitan a la confianza, a la confianza ilimitada como la llanura líquida.

VI

Yucatán

Pueblo de mujeres vivaces y de hombres pacientes, pueblo enérgico: de la roca, constante enemiga, hace brotar a cada dos pasos el agua; la girante rosa de los molinos de viento se encumbra sobre las palmeras, y quiere, como ellas, formar bosques. Si los maestros de la barbarie industrial han creado vergeles, con ayuda de lejanos ríos, en los desiertos de California, estos hombres que parecen haberse quedado en la edad de piedra, saben crear el vergel sacando el agua de bajo sus pedregales.

VII

EL QUE CAMINA SOBRE NUBES

El jefe es alto, fuerte, ligero, todo músculos y nervios. Aire perpetuamente juvenil: no se sabe cuándo se advertirán en él los avances de la madurez, bien comenzada ya, sin embargo. Su estatura prócer sorprende en medio de las figuras pequeñas y fornidas de su pueblo: como contrasta su palabra vibrante con los largos silencios de sus gentes.

No parece que camina sobre la tierra dura de su país: va pisando nubes. No mira al suelo: lleva los enormes ojos verdes fijos en el sol. Habla siempre de su pueblo, de lo que hará con su pueblo. ¿Que apenas hay con qué hacer nada? No importa: él hallará los medios.

Y cuando menos se lo espera, cuando la conversación se desvía hacia asuntos triviales y la atención se distrae, el hombre que camina domeñando nubes irrumpe bruscamente, como si hablara solo:

—Le daremos al pueblo escuelas... Lo enseñaremos a defenderse... Le daremos todo lo que necesita, aunque no sepa que lo necesita.

VIII

Poetisa provinciana

Poetisa de provincia, solterona, de figura delgada, vestida de negro. Ya comienza a doblegarse la espalda; pero la faz surcada de arrugas se enciende con una sonrisa enérgica, impuesta, más que por los labios pálidos, por los ojos hondamente negros.

Cuando tenía veinte años, la ingenuidad provinciana hubo de mecerla en auras de gloria naciente. La belleza juvenil, que los ojos negros y las finas facciones delatan aún, haría doble su triunfo... Pero los años pasaron. Nunca se realizó el viaje a la capital lejana, donde los triunfos pudieran hacerse reales. Nunca vino el príncipe; ni siquiera el vulgar marido. Y la doncella rica de sueños se fue convirtiendo en la pobre solterona.

Aquí la tenemos ahora, enseñando chiquillos en la escuela. Pero no confesará derrotas: sobre la fatiga del cuerpo, sobre las arrugas y la palidez del rostro, los ojos negros seguirán agitando banderas de insurrección.

IX
ARRÁNCAME LOS OJOS...

En camino hacia ruinas indias de Uxmal, de noche. Va atestado el tren oficial, y hasta lleva músicos en la comitiva: cantores que se acompañan con guitarras, y comienza la interminable serie de aires del trópico, con quejas y arrullos incomparables, de donde nacerá la maravilla musical del futuro.

Pero al día siguiente hay que estar en pie desde temprano, y recorrer leguas a caballo, y subir a pie colinas y pirámides. Queremos dormir. El invitado de honor, más que todos. Comienza a dormitar, pero bien pronto lo despierta una nueva canción. Los cantores han iniciado la serie colombiana, llena de imágenes fúnebres... Dormita la víctima de nuevo, y nuevos cantores le turban el sueño a intervalos frecuentes: cantares absurdos que hablan del rosal enfermo que muere por falta de amor, como el corazón del poeta, y de la espina clavada en el corazón, y de la niña que hizo florecer la madera de la caja en que la llevaban a enterrar, y de la niña que murió entre flores de mayo y dejó el alma volando entre ellas: de las cosas más tétricas que pueden dar de sí la imaginación y el sentimiento enfermizos.

Y cuando la víctima, desesperada por la vigilia impuesta a sus ojos pesados de sueño, pide morir o matar a sus verdugos, y se llena de ideas de muerte, los implacables cantores entonan con voz aguda:

—"¡Arráncame los ojos cuando muera!"

México, marzo de 1922.

www.ingramcontent.com/pod-product-compliance
Lightning Source LLC
Chambersburg PA
CBHW070020110426
42741CB00034B/2250